LES
VRAIS PLAISIRS,
OU
LES AMOURS
DE VENUS ET D'ADONIS.

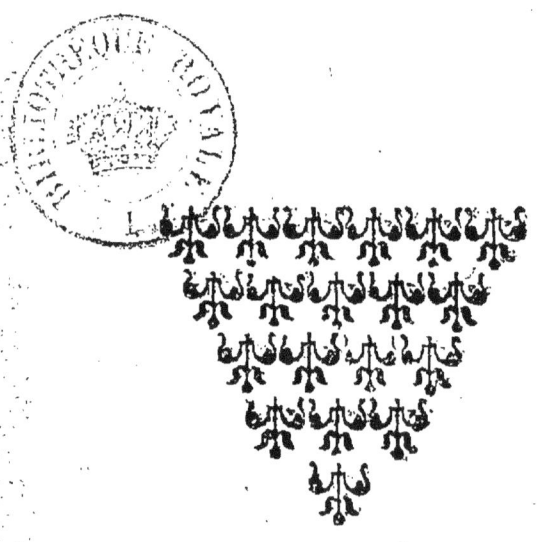

A PAPHOS.

M. DCC. XLVIII.

AVERTISSEMENT.

CETTE *bagatelle est une imitation du Chant huitiéme* de l'ADONE du CAVALIER MARIN, *intitulé* I. TRASTULLI, *c'est-à-dire*, *les Vrais Plaisirs*. On a tâché d'y mettre une suite & des liaisons, qu'on chercheroit vainement dans l'Original. On a même eu la hardiesse d'y ajoûter plusieurs idées. Mais quelques changemens, quelques transpositions qu'on ait été obligé de faire, les Lecteurs (s'il s'en trouve) y reconnoîtront sans peine le génie Italien. Un Etranger, habillé à la Françoise, conserve toujours l'air

AVERTISSEMENT.

& les manieres de son Pays. Tout ce qu'on souhaite, c'est que ceux qui jetteront les yeux sur cet Eassi, prennent autant de plaisir à le lire, qu'on en a eu à le composer.

LES
VRAIS PLAISIRS.

Jeunes Cœurs, qui brûlez des feux de l'Amour, vous dont les défirs s'enflâment avec tant de rapidité, c'est pour vous que j'écris, c'est pour vous que je chante. Les fons de ma Lyre ne peuvent réjouir la trifte vieilleffe, qui, pour fon bonheur même, doit refufer fes regards à des peintures, pour elle inutiles, quelque agréables qu'elles soient. Tout homme qui n'est plus fait pour aimer, est ordinairement ennemi de l'Amour & de ses leçons.

Loin d'ici ces cœurs durs & séveres, qui donnent le nom de vertu aux noirs accès d'une sombre tristesse. Ils peuvent dédaigner ma molle & tendre Muse. Que ces rigides Censeurs, qui empoisonnent les choses les plus innocentes, ne viennent point verser sur ce que j'écris l'amertume de leur critique.

Que l'Hypocrisie, qui affiche l'austérité, ne s'attende pas à un Poëme grave & moral : ce Monstre, dont l'œil farouche n'apperçoit que les défauts, & dont la main cruelle ne cueille que les épines. Tout esprit raisonnable verra d'un regard indulgent ce tableau des délices amoureuses.

Eh ! doit-on trouver mauvais, quand l'Auteur est modeste, que ce qu'il écrit le soit un peu moins ? Quel mal y a-t-il de tracer l'image des plaisirs ? Si c'est un crime, le crime est léger.

L'Abeille & la Vipere sucent les mêmes fleurs dans les prairies du Mont Hybla; &, selon leur instinct, les convertissent, l'une en miel, l'autre en poison. Si mes Chants produisent dans quelques-uns le fiel & l'amertume, d'autres y recueilleront un fruit plus doux.

Les jours d'Adonis couloient dans la paix & dans l'innocence. Loin du faste bruyant des Villes, il occupoit son loisir à poursuivre les hôtes des forêts sur les montagnes d'Idalie. Dès le lever de l'Aurore, il prenoit son javelot, son arc & ses flêches, & franchissoit d'un pied léger les collines & les guérets. Dans cet équipage on l'eût pris pour l'Amour. Ses yeux lançoient plus de traits sur les cœurs qu'il n'en décochoit sur les vils Animaux. Il sembloit que la Nature l'eût exprès formé pour la volupté des regards. Mais il ne se doutoit pas des chaînes qu'il faisoit porter. Les Nymphes & les Bergers venoient l'attendre aux détours des Bois, pour le voir, & pour en être vûes. Il pensoit que le simple amusement de la chasse les attiroit sur ses pas. Lui seul enfin méconnoissoit l'empire de sa beauté, dont cette ignorance peu commune relevoit l'éclat.

Tant d'attraits ne furent pas long-tems ensevelis

dans les Forêts du Mont Idalus. La Renommée, pour les divulguer, prit sa trompette, & fit retentir le nom d'Adonis aux quatre coins de l'Univers. Elle se fit un jeu cruel d'enflammer par ses récits les cœurs des Mortelles & des Déesses.

Déja l'on en parle à Paphos; le bruit en vient jusqu'aux oreilles de Venus. Son cœur s'émeut. Elle apperçoit un jour le Héros, en traversant les airs, pour aller à Cythere. Cette vûe acheve sa défaite. Une ardeur violente embrase tous ses sens; l'image d'Adonis est sans cesse présente à son esprit. Eh! quoi, s'écria-t-elle, j'aimerois un Mortel ! Hélas ! je ne le fens que trop : oui, je l'adore. Qu'on renverfe mes Autels ; qu'on ne m'adreffe plus de vœux. Adonis eft le feul Dieu de cet Empire.

Le féjour de Paphos n'a plus rien qui l'amufe : tout lui déplaît, tout l'importune. Inquiéte & rêveufe, elle écarte loin d'elle les Ris & les Jeux, & ne garde que les Amours. Enfin, réfolue d'aller trouver l'objet de fa tendreffe, elle invoque fon fils ; elle lui demande fes traits. Elle appelle les Graces pour la parer. Jamais elles ne la trouvérent fi difficile. Elle confulte mille fois son miroir. Elle essaye cent Robes différentes; comme si Venus avoit besoin, pour plaire, d'ornemens empruntés. Amour, tu inspires plus de défiance que d'orgueil : Tu fis douter ta Mere du pouvoir de ses charmes.

Dès que les Graces eurent mis la derniere main à sa parure, elle monte sur son Char, traîné par des Cignes, & vole vers les Bois d'Idalie. Les parfums de Flore embaument les airs sur sa route. Le Char s'abbat mollement sur les bords d'un ruisseau, où, fatigué de la Chasse, Adonis se reposoit dans les bras du sommeil.

Venus le confidere longtems. Elle ne peut assez admirer les traits charmants de son visage, embellis par la fraîcheur qu'y répand un doux repos. Elle craint de l'éveiller : elle interdit aux vents leurs haleines, aux ondes leur murmure, aux oiseaux leurs chants. Assise près de lui sur le gazon, elle attend avec impatience que ses yeux se r'ouvrent à la lumiere. Morphée, secondant les desirs de la Déesse, abandonne les paupieres de son Amant. Quel réveil pour lui ! Tout ce que la beauté, la jeunesse, & ce charme divin qui leur communique le don de plaire; tout ce qu'un objet enchanteur peut caufer aux yeux de plaifir & de raviffement à l'efprit, Venus en ce moment le fit fentir au bel Adonis. Il héfite, il tremble à fa vûe : il la regarde avec une furprife muette, plus flatteufe encore que l'éloge.

La Déeffe, après avoir joui quelque tems de fon admiration, le raffure par ces mots : Trop aimable mortel, ne craignez point ma préfence, que rien ne vous foit fufpect de la part de l'Amour & de fa Mere. C'eft lui feul qui m'améne dans ces lieux écartés. Le Ciel eft ma patrie, & je tiens ma Cour à Paphos. Refuseriez-vous de m'y suivre & de m'aimer? N'est-ce point une illusion, s'écrie Adonis! Quoi! il me seroit permis d'aimer une Immortelle! L'égalité regne, dit Venus, dans l'empire de mon fils: Venez, & fiez-vous à moi du soin de votre bonheur. Les Cignes déployent leurs aîles; le char vole, & traverse en un instant les plaines azurées. Ils arrivent à Paphos.

Les Amours rougissent de s'en voir effacés; les Graces s'empressent autour d'Adonis, se disputent l'honneur de lui donner la main, pour le conduire au

Palais de leur Souveraine. Il n'y fut pas plutôt entré, qu'il éprouva ce doux saisissement, qu'il faut avoir senti, pour le comprendre. Frappé des merveilles que rassemble ce beau séjour, il reste immobile. Il n'est point d'objet si séduisant, d'attitude si voluptueuse, qui ne vienne charmer ses yeux agréablement égarés. Il les proméne curieusement sur toutes les Statues parlantes qu'il rencontre. De quelque côté qu'il les tourne, les Tableaux du Plaisir, présenté sous mille formes différentes, s'offrent

frent en foule à ses regards satisfaits.

Ce lieu de délices lui semble un Paradis terrestre, où les Anges veulent donner une fête. La Flaterie est sur le seuil de la porte, & attire les Pelerins. La Promesse les invite d'entrer, & les prend sous sa garde. La Gayeté au visage riant les accompagne, & badine avec eux. La Vanité leur fait un accueil gracieux. La Confiance encourage les plus timides. La Richesse, vétue d'un habit de pourpre, étale tous ses trésors.

Les Soupirs y font des haleines de feu. Le Regard

est coquet; le Sourire enchanteur : les Jeux courent embrasser les Plaisirs ; les Charmes se jettent dans les bras des Amusemens : la Joye chasse loin d'elle les soins incommodes, & folâtre sans cesse.

L'amoureuse Pensée, le front baissé & le regard à terre, se ronge les doigts. La Priere à genoux demande du relâche à la Douleur, & la Paix à la Guerre. Le Geste, messager muet du désir, se fait entendre. Le Baiser présente ses lévres & se fond dans un baiser.

La Langueur se repose à chaque pas. Le Sommeil la

fuit avec un front appefanti & se soutenant à peine; la troupe des Songes voltige autour de lui, les uns parés de fleurs, les autres couverts de cyprès.

Le Myſtere eſt enveloppé d'un voile preſque impénétrable. On ne peut l'apercevoir que dans l'ombre de la nuit ou des forêts. Chaque jour il s'enrichit des pertes de l'Indiſcrétion. La Complaiſance facile prévient les goûts; les Soins obligeans compoſent ſon cortége.

La Jeuneſſe fait des couronnes de lys, & treſſe avec des roſes les boucles de ſes cheveux. La Beauté, les

Graces, les Agrémens & les Charmes se tiennent par la main. L'aimable Folie danse au milieu d'eux. L'Espérance flatteuse & perfide les suit avec le désir plein d'agitation. L'Occasion ne fait que se montrer & disparoître : elle a peur qu'on ne lui saisisse le toupet de cheveux qu'elle a sur le front.

L'Audace tremble elle-même au premier larcin qu'elle fait. La Licence porte ses mains témeraires sur tout ce qui se présente.

La fine Tromperie & l'ingenieux Mensonge, tous deux masqués se, promenent ensemble. La Fraude rusée couvre de fleurs les serpens de son horrible chevelure. Une voix douce, un sourire agréable cachent le cruel venin de sa langue.

Les Sermens faux ou infidéles s'envolent avec des aîles legeres, & sont répandus dans les airs. Les Soupirs, les Sanglots entrecoupés, la Crainte au regard abattu marchent sur les pas de la Colere, si facile à s'appaiser.

La terre rit, les oiseaux chantent, les arbres résonnent, l'air soupire, les ruisseaux gazouillent, & l'écho répete leur different langage. Les bêtes les plus féroces se caressent à travers les arbrisseaux ; les poissons brûlent au milieu des eaux ; les pierres mêmes & les ombrages respirent un souffle enflammé.

L'adroit Messager de Jupiter qui jusques-là n'avoit point perdu de vue le bel Adonis, se montra tout à coup à ses regards : Vous êtes, lui dit-il, dans le seul pays, où la félicité du cœur augmente celle des sens. Voici le trône du tendre sentiment, si superieur aux autres passions, souvent trompées par de faux objets L'Amour ne peut jamais l'être : il est le fidéle ministre de la verité

& le pere du plaisir. Les autres sentimens qui ne soumettent pas la nature entiere à leurs loix ne peuvent être parfaits. Celui-ci s'étend partout. Son empire est l'univers.

Je voudrois vous en parler plus au long : je me flatte que je viendrois à bout de résoudre tous les doutes qu'on propose dans mes écoles. Mais je renonce, malgré moi, à des éclaircissemens qui sont de mon ressort : je m'attirerois le courroux de votre Souveraine, si j'allois lui ôter le plaisir si flatteur d'instruire ce qu'on aime. Je vous quitte, & ne reste dans ces beaux lieux qu'autant de tems qu'il en faut pour faire à ma Bergere une guirlande de myrthe & de violette. Vous, Adonis, volez au sein des Amours qui vous tendent les bras. Toute compagnie, quelle qu'elle fût, vous y feroit importune. En achevant ces mots, il se retourna du côté de Venus avec un sourire malin.

La Déesse commençoit à s'impatienter des propos de Mercure. Il lui tardoit qu'il partît. Lorsqu'il les eût quittés, elle invita son Amant à se promener dans les jardins qui embellissoient son Palais. Ils s'approcherent d'une fontaine, l'ouvrage de la simple Nature. Venus prit plaisir à se contempler dans ce liquide miroir. Le désir de se plaire à soi même est aussi puissant sur le cœur d'une Belle, que celui de charmer d'autres yeux.

Cette Fontaine produit un ruisseau qui serpente mollement dans un lit tortueux. Vous prendriez ses paisibles flots pour des nappes d'argent, si vous n'entendiez par leur doux murmure. Son sable est d'or ; & c'est ce sable que le Dieu d'Amour ramasse avec soin, pour fabriquer les flèches dont il blesse les malheureux mortels.

Ce ruisseau se partage bientôt en deux. L'un de miel est rempli d'autant de douceur que le goût en peut désirer. L'autre, quoique sorti de la même source, n'est que de fiel. C'est dans ce dernier que l'on dit que Cupidon trempe la pointe de ses traits : cet enfant si tendre & si cruel, qui fut assez dénaturé pour percer le sein de sa Mére, & faire couler dans son sang le poison le plus subtil.

Le Ruisseau de miel suit son cours, sans jamais mêler la douceur de ses eaux aux ondes améres de son rival. Il divise ses flots dorés en plusieurs canaux, qui rafraîchissent la verdure des Prés émaillés, & qui se rendent tous dans un Bain délicieux, pratiqué au milieu d'un Bosquet. Le plaisir & la volupté ont les clefs de ce Bain, dont les charmes invitent à s'y plonger.

Le Plaisir est assis à la porte, & folâtre avec sa Compagne. Il a des aîles de mille couleurs ; son visage est riant ; ses yeux vifs & étincelans. Son bouclier d'or & son corselet étoient à ses pieds. Ce Guerrier pacifique avoit placé son casque au milieu des fleurs.

Son Luth étoit pendu près de lui à une branche d'arbre, & les zéphirs badins en faisoient leur jouet. Sa blonde chevelure, parfumée d'ambrosie, voltigeoit au gré des vents qui la caressoient. On voyoit au tour de lui des filets & des hameçons. Il étoit paré de Guirlandes de roses naissantes & de mirthe fleuri. Iris formoit autour de sa tête une Couronne de ses nuances les plus brillantes.

La flateuse Volupté n'a pas un visage moins beau, ni moins satisfait. Ses cheveux sont entrelassés de pampre & de lierre. Elle
gardoit

gardoit un Troupeau d'hermines d'une blancheur éblouissante. De sa main droite elle caressoit un petit Chevreau : de l'autre elle soutenoit un Miroir.

Adonis & Venus se rendirent dans cet heureux azile, où l'on arrive par cent détours agréables. Ils s'assirent sur un tapis de verdure. Venus, par cette habitude que donne la coquetterie, arrangea les ornemens qui composoient sa parure. Elle gardoit le silence ; ses regards étoient incertains : ils se fixerent pour un moment sur deux Moineaux, qui par le fré-

C

missement de leurs aîles exprimoient la vivacité de leurs transports.

Un feu subit monta au visage de la Déesse: le coloris du desir se répandit sur ses joues délicates: les sentimens de son cœur se peignirent dans ses yeux. Elle se servit envain de son éventail, pour appaiser l'ardeur qui l'embrasoit. Elle cessa de s'amuser avec les ris & les amours qui jouoient autour d'elle. Elle donna la main à son Amant, pour la lever de dessus le gazon, & le prit par-dessous le bras.

Sa Robe ouverte, extrêmement courte, laissoit

voir deux jambes, qui seules auroient fait la réputation d'une autre Déesse. Cette robe, qu'elle avoit mise par préférence, étoit d'une étoffe si légere, qu'elle disparoissoit à tout moment. Les folâtres enfans du vague Eole prenoient plaisir à la faire voltiger, à s'y engouffrer. Un d'eux, se mutinant contre l'importun vêtement, eut la témérité de le soulever, & découvrit pour trop peu d'instans des genoux plus blancs que l'albâtre.

C'est ainsi que Venus tend ses filets au bel Adonis. Tous ses mouvemens sont de nouveaux piéges ; toutes ses paroles de nouvelles fléches. Tantôt elle s'arrête au milieu de son discours ; elle tombe dans une tendre rêverie, interrompue par un soupir ou par un sourire : tantôt elle lorgne avec tant d'art, que ses regards pénétreroient le Diamant le plus dur ; à plus forte raison un verre aussi fragile que le cœur d'Adonis.

Si vous trouvez quelques beautés dans mes traits, lui dit-elle, je renferme encore plus de tendresse dans mon ame. Mes yeux, si vous les entendez, l'expliquent assez.

Apprenez que les faveurs

que l'on accorde pour p[ri]x de l'amour, sont le [seul] bien qui puisse faire [la] vraye félicité. Elle est le but où tendent les humains; mais on parvient difficilement à mettre le pied dans ce séjour enchanté; & l'amour ne se trouve que dans mon cœur.

Peu de tems après que ce Dieu fut sorti de la Boëte fatale, où il étoit renfermé avec tous les Maux, pour leur servir d'adoucissement, les Dieux le rappellerent dans l'Olympe. Avant que d'y remonter, il fut obligé de quitter l'écharpe qui le couvroit. Il va depuis tout nud & sans aucun voile. Il defcend quelquefois des céleftes demeures, pour fe placer fur ce Trône ; mais je le dérobe à tous les yeux indignes de le voir ; je le cache avec un foin extrême, & ne le montre qu'à mes Favoris.

Depuis que l'Amour s'eſt envolé dans les cieux, fon départ a caufé fur la terre une méprife funefte. Son ennemi s'eſt revêtu de la parure qu'il a laiſſée. Cet ennemi eſt la Douleur. Elle fe montre fous ce déguifement qui la fait méconnoître. Les mortels s'y laiffent tous les jours tromper, & trouvent la douleur où ils cherchoient le plaisir.

Je suis la compagne du véritable Amour. Il habite avec moi. Par lui je tourne l'occupation en amusement, la tristesse en joye. C'est nous qui vous ferons connoître la vie de la vie, le plaisir des plaisirs, & le seul qui mérite ce nom.

Mais ce riant séjour & la chaleur de la saison nous invitent à nous baigner. Une des Loix de mon Empire l'exige. Cet amusement est digne de votre âge, & ne peut qu'embellir vos attraits. Pour tout dire enfin, l'ardeur que je sens de m'unir à vous, heureux mortel, vous le prescrit.

Adonis confus & interdit ne répondoit rien. Ses oreilles, accoutumées au son bruyant des Cors, étoient peu faites à un si doux langage. Il tenoit la tête & les yeux baissés. Dans l'instant une troupe de Nymphes l'entourent : Elles forment un cercle autour de lui, & ne veulent point souffrir qu'il en sorte. Celle-ci détache son carquois; celle-là sa ceinture; les autres le deshabillent.

Il est contraint de céder à la foule importune qui l'environne : Ce n'est pas san honte qu'il se voit tout nud, excepté une gaze légere qui voile à peine ce que le préjugé ne permet pas d'exposer aux yeux. Ses regards embarrassés cherchent la Déesse, & craignent de la rencontrer : il l'apperçoit dans le même état.

Elle s'étoit un peu enfoncée dans le bosquet, comme par modestie ; de maniere cependant qu'on pouvoit la remarquer à travers le feuillage. Qui connoît mieux que Venus l'art d'irriter les yeux ? Elle se montre & se cache tour à tour. On la voit même rougir. Tous ses gestes, toutes ses attitudes, formées à dessein, semblent l'ouvrage de la timide retenue. Cette pudeur enfantine, cet embarras qui paroît ingénu, lui prêtent de nouveaux charmes.

Tous les arbrisseaux empressés se disputent l'avantage de l'ombrager. Ils étendent, ils baissent leurs rameaux à l'envi, moins pour la parer des rayons curieux du soleil, que pour s'en aprocher de plus près, l'embrasser & la caresser. Leur séve, autrefois vagabonde, se précipite aux extrêmités des branches qui touchent la Déesse. On vit même un jeune Hêtre, qui ne pouvant renfermer le plaisir qu'il ressentoit, poussa plusieurs boutons & devint plus touffu.

Vénus, affectant toujours de voiler des appas, qu'elle n'avoit point fait de difficulté d'exposer aux regards du Berger Troyen, délie en hâte ses longues tresses. On eût crû voir tomber une pluye agréable qui couvrit dans l'instant la blancheur de son corps. Elle feint de se dérober sous ce brillant nuage; elle sait trop bien que ses cheveux indociles s'acquitteront mal de cet emploi ; & que, quelques efforts qu'elle fasse pour receler ses trésors, un Zéphire galant, de concert avec elle, aura soin de les découvrir.

Il est tems de décrire les charmes du Bain, où les deux Amans vont entrer.

La forme du bâtiment est un quarré parfait, entouré de Pavillons. Au milieu de l'édifice s'éleve un obélisque de jaspe, qui renferme les tuyaux de chaque fontaine. L'eau sort de ces tuyaux par douze robinets d'argent, & tombe en cascades dans des réservoirs d'agathe & d'albâtre. Toutes les eaux se réunissent dans un grand bassin, autour duquel regne une galerie

lerie soutenue par deux rangs de Colonnes. Ses murs sont incrustés de marbres de differentes couleurs. On y voit des Canapés & des Chaises longues, placés dans des niches obscures.

L'industrie humaine ne peut atteindre à l'art infini qui décore la voûte. Des émaux & de la mozaïque en lames d'or en forment le plafond, enrichi de diamans, de saphirs, d'émeraudes & de rubis, qui par leur arrangement représentent, ici un ciel d'azur, là un gazon fleuri, plus loin l'ardeur des flammes.

L'eau rassemblée dans le Bassin, claire & transparente, répéte les merveilles de ce lieu. Diane en eût peut-être moins voulu au téméraire Actéon, s'il l'eût surprise au milieu de ces eaux pures & vives. Narcisse les eût sans doute préférées à toute autre, pour y venir admirer sa beauté. Aussi la Nymphe Echo, jadis éprise de ses charmes, se plaît-elle dans ce séjour, depuis qu'elle est métamorphosée en voix. Elle s'y divertit à répéter tout ce que se disent les Amants heureux.

Adonis & Venus, arrivés dans ce Bain délicieux, en parcourent les aimables réduits. Un murmure agréable de soupirs & de baisers donnés & rendus, frappe d'abord leurs oreilles. Adonis se tourne du côté d'où vient le bruit. Il s'approche pour voir de plus près : il voit tout, & baisse les yeux.

Il avoit apperçu une jeune Nymphe, renversée sur un Sopha, se défendant contre les fureurs d'un impétueux Satyre, qui d'une main avide pressoit l'yvoire vivant de sa belle gorge : son autre main étoit occupée plus voluptueusement encore.

La Nymphe se débat entre les bras nerveux de ce robuste Athlete. La langueur est dans ses yeux, la colere sur son front. On la croiroit irritée. Elle détourne son visage des baisers brûlans du Satyre tant de fois répétés. Elle refuse la douceur des siens, & en les refusant, elle en donne plus d'envie. Elle dispute quelque tems la victoire; mais tous les mouvemens qu'elle fait ne servent qu'à hâter sa défaite; elle s'enchaîne enfin dans les bras du vainqueur, & paye l'usure des baisers qu'elle feignoit de ne pas vouloir accorder. Elle l'embrasse, elle le serre: le Liérre amoureux n'est pas plus étroitement uni à l'ormeau.

Le cœur le plus insensible ne tient pas longtems contre les forces magiques de l'Amour. Adonis, ému de ce spectacle, conçut la premiere idée d'un bonheur qui lui étoit inconnu. La nature l'attendoit là pour l'éclairer; le bandeau de son ignorance se déchira. Il sentit des mouvemens qu'il n'avoit pas encore découverts. Il jette sur la Déesse un de ces regards, où l'ame attendrie offre le tableau le plus expressif de ses passions. Qu'il goute de plaisir à la contempler! Cependant il n'est pas entierement satisfait: il désire, & n'ose prendre le Satyre pour modéle.

Venus démêle avec joie tout ce qui se passe dans le cœur de son Amant. Elle s'applaudit des progrès visibles que l'Amour fait sur lui. Elle l'anime encore par des discours pleins d'art & de feu; elle lui sourit, elle le caresse en causant avec lui. Elle se disoit à elle-même: L'instant approche, où je jouirai du fruit de mes tendres soupirs. Ah! que les Amours sont heureux! mais les Amans le sont encore plus.

La Volupté, qui les voit d'un œil content, attise le feu qui les dévore. Elle s'attache surtout au jeune

Adonis; elle fait couler un brasier dans ses veines. La vivacité du désir, les rayons de l'espérance, la pâleur de la crainte, peignent tout à la fois son visage de leurs couleurs. Plein d'agitation & tout hors de lui, son ardeur s'irrite: Tel un coursier belliqueux veut s'élancer dans la carriere; il respire les combats; il est près de rompre son frein.

Adonis dépouille enfin les restes de sa timidité: il n'en devient que plus aimable aux yeux de la Déesse. Je me meurs; c'est fait de moi, lui dit-il, si votre pitié ne me soulage par un prompt secours. Je touche à ma dernière heure : serez-vous assez barbare pour me le refuser ? C'est votre beauté qui me fait mourir ; c'est elle cependant qui me fait sentir que je jouis de la vie.

Dès que le cruel Amour est venu avec toutes ses armes me proposer un défi, je me suis mis en défense ; j'ai pris mon arc, mais je crains qu'il ne se rompe par la violence dont il est tendu. O Déesse, ne méprisez point votre esclave ; pardonnez lui son audace. Hélas ! il aspire sans doute à trop de félicité.

Le seul voile qu'on lui avoit laissé, exprima encore mieux, en se dérangeant un peu, toute la force de son amour. Vous pouvez, lui dit Venus, efperer d'être heureux : je vois que vous le meritez. Mais attendez que la Commodité, ma fidele Suivante, nous ait préparé un appartement. Souffrez ce delai, il augmentera le plaifir. Qu'il vous fuffife que mes défirs font d'intelligence avec les vôtres. Dès que la nuit nous aura prêté fon ombre, je me rendrai avec vous dans un lieu plus fecret. Elle le baife, elle le confole, puis avec fa belle main elle le repouffe doucement.

C'eft ainfi qu'un habile Chaffeur refufe la liberté à

son fier Limier, lorsque la proye vient à passer devant lui. Il l'arrête, impatient de fondre sur elle : il le retient pour échauffer de plus en plus son ardeur.

Amour, dépeins-nous maintenant la volupté que ressentit la nature entiere à l'aspect de la Déesse toute nue dans le bain. Les belles Néréides ne firent rien voir d'aussi charmant au chef des Argonautes, la premiere fois que la mer permit à l'Avarice de fendre son humide sein. L'Etoile qui porte le nom de la Déesse n'est pas plus brillante, quand elle éclaire l'Ocean. Son visage ressemble au soleil naissant ; sa gorge est l'aube du jour, & les eaux de ce bain les flots tranquilles de Neptune, lorsqu'ils lui donnerent la naissance.

Vous avez vû quelque Statue de Nimphe, chef-d'œuvre du ciseau Créateur, placée au milieu d'une piéce d'eau. Venus l'égale par sa blancheur & les justes proportions de sa taille. Elle la surpasse par l'action & la vie, répandue dans tous ses membres.

L'Onde amoureuse semble se fondre de plaisir ; elle s'échauffe, elle s'embrase, & paroît une nape de feu. Ses flots s'entrepoussent pour toucher la Déesse. Elle lui baise les pieds & les mains : elle se fait un lit du vallon qui sépare deux globes d'une fermeté désirable : elle aime à couler entre cette double colline. Avare & jalouse du bien qu'elle possede, elle l'embrasse, elle l'enveloppe : quelquefois elle se souleve pour la mieux cacher : elle voudroit se durcir pour retenir tant de charmes : mais Venus brille à travers cette humide glace, comme une lumiére dans un cristal.

Adonis ne peut voir sans de nouveaux transports les attraits qu'on lui découvre.

vre. Ses yeux errent avec une délicieuse rapidité sur toutes les parties d'un si beau corps, & ne peuvent s'en rassasier : il n'y en a pas une, sur laquelle son imagination n'imprime mille baisers enflâmés.

Tantôt la Déesse s'enfonce, & mouille jusqu'à ses lévres vermeilles ; tantôt se soulevant un peu, elle ne se montre qu'à demi. Elle se panche, elle se redresse : elle tourne sur elle-même, comme si elle vouloit se jouer des regards de son Amant. Tantôt, avec ses doigts délicats, elle se divertit à lui faire jaillir l'eau au visage.

E

Où suis je ? s'écrie-t-il ; Quels éclairs viennent m'éblouir ! Quel spectacle enchanteur ! Quelle Divinité peut être comparée à celle que j'adore ! Le Ciel a pris la place de la Terre.

Elle n'apparut point avec tant d'avantage au Berger Troyen, dans la vallée qu'arrose le Xante. Il ne brûla jamais d'une pareille ardeur pour la Grecque célebre qui fit ses infortunes. Je me sens dévorer par une flamme vive. Le feu qui réduisit Ilion en cendres étoit moins violent que celui dont je suis consumé.

Dis-moi, pere Neptune, lorsqu'elle sortit de ton écume, vis-tu sur son beau corps autant d'éclat & de lumiére ? Soleil, n'est-elle pas plus belle aujourd'hui, que lorsque ta jalousie la découvrit aux autres Dieux dans l'Olympe?

Et toi, timide Endimion, tu fus bien moins fortuné que je ne le suis, lorsque la sœur d'Apollon quitta pour toi son cercle d'argent, & descendit des cieux. Céde moi, céde moi, malheureux Actéon : Notre sort est bien différent : on me donne la vie, & tu reçûs la mort.

Mais, Déesse, pourquoi
E ij

vous baignez-vous dans ces ondes ? Elles font moins pures que vous ; vous les embelliffez. Ah ! puifque j'ai le bonheur de vous plaire, c'eft à moi de vous laver avec mes pleurs, & de vous fécher avec mes brûlans foupirs.

S'il eft vrai que les rivieres n'éteignent point le flambleau de l'amour, faites qu'à l'exemple d'Acis je me confume au milieu des eaux ; que comme Alphée je me transforme en liquide élément. Métamorphofé en Fleuve, peut-être ferois-je affez heureux un jour, pour que la beauté qui m'enchante vînt fe mirer dans mes flots, & fût tentée de se glisser dans mes bras.

Le Soleil, fatigué de sa course, ne lançoit plus qu'une lumiére foible & tremblante. Thétis se disposoit à le recevoir dans son Palais de Nacre. Déja les ombres légeres & les pavots de Morphée escortoient le Char du silence. La nuit s'enveloppoit d'un crêpe noir, sans espérance de voir diminuer son épaisse obscurité par le doux éclat de l'étoile de Venus, qui depuis qu'elle brûle dans les terrestres lieux, ne se montre point dans le ciel.

L'Amour, pour triompher, attendoit avec impatience ces ténèbres propices. Il arrive, & lie les cœurs de nos deux Amans. Les baisers sont les nœuds dont il les attache. Il leur ouvre une chambre écartée, dont lui seul a la clef. Elle étoit ornée avec encore plus de goût que de magnificence. Tout ce qu'on y voyoit charmoit les yeux, échauffoit l'imagination, & enflammoit les desirs. Le plafond & les murs, couverts de glaces, multiplioient les Amours & leurs jeux.

Un Lit voluptueux se présentoit dans un enfoncement, l'azile du miſtére. Celui que les Bacchantes avoient autrefois travaillé pour Ariane & le fils de Seméle, quoiqu'elles euſ-ſent employé toutes les dépouilles des Indes ; celui que les Nereïdes avoient fait de Corail & de Saphirs, pour les nôces de Thetis & de Pelée, auroient perdu tout leur luſtre auprès de celui-ci, que les Graces elles-mêmes avoient pris ſoin de dreſſer.

La Baluſtrade étoit d'or. Les Rideaux de pourpre, attachés en feſtons, laiſ-ſoient voir le ciel du Lit parſemé de Diamans. Les Draps, embaumés de l'eſprit des fleurs, & dont la blancheur contrastoit avec la pourpre & les pierreries, inspiroient la tendresse. Quatre colonnes d'Emeraudes, en forme d'arbres, soutenoient le pavillon. Une troupe de petits oiseaux, nichés dans leurs feuilles, s'y étoient fait une prison volontaire de verdure. Pour peu que le lit fût agité, ils applaudissoient par le battement de leurs aîles & le ramage de leurs gosiers harmonieux.

Ce fut là le Port tranquile, où ce couple heureux fut reçû au sortir des eaux. Ils y recueillirent la moisson de leurs soupirs. Les Oifeaux firent entendre leurs concerts à plusieurs reprises.

Depuis que la Nuit, cette discrete confidente des Amours, eût répandu son ombre sur la Terre, jusqu'à ce que l'Aurore en eût déchiré le voile épais, Vénus ne s'occupa que de son cher Adonis, dont les regards pleins de feu remplaçoient les rayons de l'astre du jour. Elle n'eût jamais désiré d'autre flambeau que celui qu'elle possédoit dans les ténébres.

Elle le vit à regret s'éteindre. Les yeux d'Adonis ne lançoient plus que des regards mourans. Il se sentit accablé, & céda, malgré lui, à la tyrannie du sommeil jaloux. La Déesse plaça elle-même la tête de son amant sur son sein, & se contenta de le regarder.

Le Soleil avoit fourni la moitié de sa carriére. Adonis se réveille: Venus lui sourit. Tout ce qu'il y a de plus agréable dans l'empire amoureux ; soupirs, interprêtes des besoins du cœur, saisissemens, transports, fureurs, extases : tout est de nouveau mis en usage par ces amans fortunés leurs désirs s'irritent & s'apaisent, leurs yeux s'ouvrent & se referment.

Le plaisir même a besoin de relâche. Adonis & Vénus s'habillent. Ils sortent ensemble, & vont errer à l'avanture dans les champs voisins, ornés de myrthes & d'orangers. Tantôt elle s'arrête à l'ombre d'un bois, sur le bord d'un ruisseau, pour lui donner mille baisers dont le murmure égale celui des eaux : tantôt elle se laisse tomber sur l'herbe, l'entraine & folâtre avec lui. Elle l'acompagne même à la chasse : elle porte son arc dans sa main, & son carquois sur ses épaules. Les Faunes & les Driades accourent pour les voir passer. Ils les prennent pour Apollon & pour Diane.

Au bas d'une colline, dans une vallée solitaire, est une

Grotte taillée dans un rocher par les seules mains de la Nature. Elle est tapissée de jasmins & de roses endedans & en dehors. On respire tout à l'entour un air embaumé : un charme universel se répand sur tous les sens, & suspend leur usage. Le sentier, qui y conduit, est peu frayé, quoique parsemé de fleurs. Il n'est fréquenté que par les plaisirs, le silence & le sommeil. Des myrthes entrelassés forment à l'entrée une palissade, dont l'ombre sacrée imprime une sainte horreur aux Bergers & même aux bêtes sauvages.

Tous les environs sont peuplés

peuplés d'arbres élevés. Ils servent de bouclier contre les rayons jaloux du blond Phébus, qui s'efforce en-vain de pénétrer ce temple champêtre de la volupté. Tout y annonce les mys-téres qu'on y célébre : tout y parle d'amour. Les Hê-tres mêmes & les Sapins, agités par les vents, fem-blent executer entre eux un concert tendre & paf-fionné. On diroit qu'ils ré-petent ce refrain :

L'Amour anime tout, les airs, la terre
   & l'onde ;
Lui feul fait des heureux : il eft le Dieu
   du monde.

C'est dans cet aimable réduit qu'Adonis & Venus se retiroient le plus souvent, pour gouter la fraîcheur & le repos. C'est-là que dans un doux loisir, oubliant l'univers, ils avoient de ces entretiens délicieux, dont l'Amour seul peut sentir & concevoir le prix. Ils n'avoient là pour témoins que les Chantres des bois, pour confidens que leurs amours. Mollement étendus sur un lit de mousse, ils regrettoient les momens qu'ils étoient forcés de donner à l'imperieux Morphée. Ils se reveilloient occupés l'un de l'autre. Leurs yeux en se r'ouvrant se cherchoient & se rencontroient. Les Heures, si lentes pour la triste indifference, s'envoloient pour eux avec legereté. Ils se plaignoient de la rapidité de leur char. Ils s'en prenoient à la nuit qui venoit les arracher trop tôt de cette charmante retraite.

Cependant le bonheur de la Déesse n'est pas sans mélange. La beauté d'Adonis lui cause mille inquiétudes. L'imagination, si ingénieuse à nous tourmenter, réalise dans son esprit ses chimériques allarmes. Elle craint que l'Amour ne s'en laisse charmer; que Borée dans un tourbillon ne l'enléve; que Jupiter changé en pluye d'or ne veuille le séduire. Si le ciel se couvre ou s'éclaircit, si la nuit étend ou replie ses voiles, elle se figure que l'Aurore en est éprise; que la Lune épie le moment de le ravir. Le souffle du Zéphire est un rival pour elle. Les oiseaux, les arbres & les fleurs la font trembler. Elle est presque jalouse de ses propres baisers & de ses avides regards.

Elle n'aime, ne voit, n'entend & ne connoît qu'Adonis. Si ses yeux sont un instant privés d'une si chére vue, ses craintes redoublent ; elle s'en croit abandonnée : elle pleure sa perte. Un jour, pour éviter l'excessive chaleur, la Déesse l'avoit quitté à la Chasse ; elle étoit venu l'attendre dans la Grotte, qu'elle fit bientôt retentir de ses gémissemens. L'absence déchiroit son cœur des traits du désespoir. Il arrive enfin tout hors d'haleine. Elle se précipite au devant de lui avec une joye mêlée de douleur. Elle essuye les boucles de sa chevelure, souillées de poussiere & de sueur, & les raccommode tristemens avec sa belle main. Ses regards s'attachent sur les siens ; elle le fixe, comme l'aigle fixe le Soleil : elle le dévore, & reste quelque tems sans lui rien dire. Des pleurs, qu'envain elle vouloit retenir, s'échappent de ses yeux. A chaque goutte d'eau qui tombe du visage de son Amant elle mêle une de ses larmes.

Enfin elle s'écrie : par quelle fatalité prenez vous plaisir à vous éloigner de moi, vous qui occupez toutes mes pensées ? Quel amusement si vif peut vous faire oublier mon amour ? Non, vous ne brulez pas d'un feu égal au mien. Devois-je m'y attendre ? Vos transports sont changés en de simples caresses. Les Bois si favorables aux amours, ne sont témoins que de vos exploits dans l'art de Diane.

Quel nuage obscurcit votre beauté, dit Adonis ? Faites tarir la source de ces pleurs qui me desespérent: Cessez pour jamais vos craintes injurieuses. Vous verrez mes cheveux blanchir & les rides silloner mon front, avant que mon cœur change. Le feu qui me brûle est immortel comme celle que j'adore. Je jure par vos beaux yeux, qui allument le flambeau de l'amour, qu'Adonis ne sera jamais qu'à vous : si mon serment est faux, que je devienne la proye d'un sanglier furieux.

Ah ! si vous sentiez, dit-elle, la douceur d'être aimé, quand on aime ; si vous pouviez comprendre le tourment d'un cœur éloigné de ce qu'il idolâtre, vous me donneriez, en restant avec moi, des preuves plus touchantes de vos sentimens. Nous serions tous deux amans & aimés, vous content, moi trop heureuse.

Je ne suis tranquille que lorsque je ne perds point de vûe l'objet de ma tendreſſe. Je ſçai que dans deux ames liées par une chaîne fidele, l'amour n'a rien à craindre de l'abſence, quand même les ſables de Lybie, le profond Océan, & les Alpes inacceſſibles les ſépareroient. Mais quand on peut voir ce qu'on aime, il eſt affreux d'en deſirer la préſence.

Voyons-nous ſans ceſſe; aimons-nous. L'amour eſt la récompenſe de l'amour. Quand on s'eſt donné une foy mutuelle, deux cœurs n'en forment qu'un ; c'eſt un échange de cœurs : on ne vit plus en ſoi ni pour ſoi. L'ame s'envole pour animer l'objet aimé, & vivre en lui.

C'eſt alors qu'elle éprouve cette douce langueur qui la conduit par dégrés à une mort délicieuſe. Mais ce n'eſt pas une mort. C'eſt le jour de ſa naiſſance. O charme inexprimable, yvreſſe voluptueuſe, union parfaite, c'eſt en vous ſeule que l'ame rencontre tout à la fois, comme le Phénix, ſon tombeau & ſon berceau !

Je ſoupire, & je voudrois que chaque ſoupir fût une nouvelle ame à vous donner. S'il eſt vrai que nous formions les mêmes vœux; ſi nous n'avons qu'une ame à nous deux, pouvons-nous vivre un inſtant ſeparés l'un de l'autre ?

Vous donc, qui faites ſeul ma félicité, vous que j'aime mille fois mieux que moi-même, tournez ſur moi ces yeux, les miroirs des miens; ces yeux, où je crois voir la volupté briller avec la tendreſſe. Prêtez-moi cette bouche vermeille, ſur laquelle le ſort ordonne que j'expire.

Quel ſtile, quelles expreſſions pourroient rendre les tranſports de Venus? Elle parle ſans ceſſe, & ne croit jamais en avoir aſſez dit. Elle donne mille baisers à son Amant ; elle presse son sein contre son sein, son visage contre son visage. Elle admire les beautés qu'elle a baisées, & les rebaise.

Mais, Déesse, pardonnez : vos baisers partent-ils du cœur comme des lévres ? C'est mon cœur, reprit-elle, qui baise vos lévres ; c'est l'amour qui forme ces baisers. Le cœur les envoye, la bouche les imprime ; mais le plaisir de l'Ame est mille fois plus vif. Nos cœurs enflammés se répondent : ils parlent entre eux un langage qu'eux seuls peuvent entendre.

Nulle

Nulle félicité n'est comparable à la mienne, répond Adonis! Mais voyez-vous l'Amour qui, tandis que je cueille des fleurs sur votre beau teint, voltige autour de moi avec cent de ses fréres folâtres? Il ne veut pas que je m'en rassasie : je le croirois jaloux de mon bonheur. Je ne puis prendre un baiser, que sur le champ il ne me décoche un trait. Je me sauve sur les Lis de votre sein; je m'y crois en sureté : le cruel m'y blesse encore : enfin je vole sur votre bouche : c'est-là qu'il m'enyvre d'un plus doux nectar que celui que l'on fert aux Dieux. Votre haleine eſt un Zéphire parfumé qui m'embrâſe & me conſume. Je m'affoiblis; j'expire: mais de nouveaux baiſers me ramenent à la vie.

Non, dit Venus, on n'a point dans les cieux les plaiſirs que je goûte ſur la terre. Je me ſoumets à vous, comme à mon Vainqueur. Régnez ſur moi, qui regne ſur toute la nature: ſoyez l'arbitre de ma deſtinée, la ſource chérie de mon bonheur, & l'ame de mon ame. Faites-moi naître, vivre, mourir, & renaître auſſi-tôt pour mourir encore. Partagez dans mes bras ces anéantissemens si doux, sans lesquels l'éxistence n'est rien. Mais lorsque vous vous sentirez près de mourir, suspendez l'instant de votre mort, jusqu'à ce que nous puissions mourir ensemble.

Oui, c'est vous, c'est vous seule que j'adore: vous êtes ma vie : ah ! Déesse.... Adonis transporté alloit en dire davantage, quand elle lui coupa la parole par un baiser. Leurs ames errantes sur le bord de leurs lévres s'y réunissent & se confondent. Je suis comblé de délices, s'écrie Adonis. Quel enchantement, dit Venus !

je suis immortelle, & je me meurs.

En effet, la Volupté ne fait qu'un groupe des deux Amans. On n'entend plus que des sons émus & tremblans, des mots sans suite, entrecoupés par une respiration précipitée. L'Echo de la Grotte n'avoit jamais répondu à des accens si doux. L'oubli, l'abandon total de soi-même, s'empare de tous leurs sens. Leurs visages pâlissent: leurs bras entrelassés se quittent; leurs yeux s'égarent & se ferment: ils s'évanouissent enfin.

O ma Muse, que n'as-tu des couleurs assez vives

pour peindre ce choc amoureux; la chaleur de la mêlée, l'animosité des combattans, la souplesse & la rapidité de leurs mouvemens, l'épuisement de leurs forces, les deux ennemis vainqueurs & vaincus tout à la fois! Guerre charmante, où la défaite est un gage de la victoire.

C'est à vous, Myrthes verds, Pins élevés, Lauriers touffus, vous qui avez tout vû, tout entendu, c'est à vous qu'il appartient de décrire des plaisirs, dont vous fûtes les seuls témoins.

Déja la lumiere se dérobe à mes yeux: les ombres s'épaisissent: la Terre change son habit de verdure en un voile ténébreux ; & j'entends la plaintive Philomele, dont le chant mélodieux rappelle en vain les rayons fugitifs du Soleil.

FIN.

www.ingramcontent.com/pod-product-compliance
Lightning Source LLC
LaVergne TN
LVHW050637090426
835512LV00007B/899